LA VOIX

DE DIEU ET DES HOMMES,

OU

ADRESSES RÉPUBLICAINES ET PHILANTROPIQUES

AUX SOUVERAINS,

À NAPOLÉON-LOUIS, A LA FRANCE

ET A SES GRANDS CITOYENS.

Ouvrage recommandé, pour sa publicité,
au patriotisme de tous les Journalistes bons républicains,
français et étrangers.

BASTIA,

DE L'IMPRIMERIE DE C. FABIANI.

—

1850.

LA VOIX

DE DIEU ET DES HOMMES.

———◦○◦———

A MM. LES JOURNALISTES BONS RÉPUBLICAINS.

Messieurs les Journalistes,

Dans un temps où l'égoïsme est si grand et règne en si
haut lieu, où tant de souverains, insatiables de pouvoir et
de richesses, marchent si obstinément, se précipitent si
aveuglément dans une voie rétrograde et liberticide, j'ai
pensé que dans vos journaux, défenseurs vigilans de la morale et des droits publics, pouvaient paraître utilement les
Adresses ci-jointes, et je me fais un devoir de vous en re-
commander la publicité.

Vous dirai-je mon nom, Messieurs les Journalistes ?
Mais à quoi bon ? Je ne suis ni riche, ni noble, ni titré, ni

puissant. Je suis, au contraire, un homme pauvre, obscur et presqu'inconnu, mais un bon républicain ou un révolutionnaire philantrope, et voilà tout. Tel que je suis, pourtant, je dirai même mon nom un peu plus tard, si mes Adresses, Messieurs les Journalistes, méritent la publicité dans vos feuilles si généralement importantes.

Veuillez bien agréer, Messieurs les Journalistes, l'assurance de l'attachement bien vif et de la plus haute considération, qui vous sont dûs de ma part, ainsi que de tous les bons citoyens, pour vos talens et votre patriotisme si dignement et généreusement employés.

AUX MANES DE MON PÈRE.

O mon Père, homme aux principes si philantropiques et scellés par ton propre sang !

Je dois à tes vertus et à ta sagesse, à ton exemple et à tes conseils vraiment paternels, tout ce que je possède de plus précieux et de plus cher à mon cœur : je leur dois tous les bons sentimens qui m'animent et qui rendent ma conscience si satisfaite ; je leur dois aussi toutes ces belles idées libérales, objets de mes préoccupations les plus vives et les plus intéressantes.

J'expose, le mieux que je puis, ces idées et ces sentimens dans ce faible travail, pour les rendre utiles à l'humanité souffrante et opprimée, pour les mieux graver dans mon âme et dans mon esprit, et pour te les offrir, o mon excellent Père, comme le gage de ma piété filiale, de ma reconnaissance et de ma vénération.

AUX SOUVERAINS OPPRESSEURS DES PEUPLES,

L'EXISTENCE ET LA VOLONTÉ DE DIEU
PAR UN HOMME DU PEUPLE.

« Si Dieu n'existait pas, il faudrait l'inventer ! »

« *Chi ben comincia è alla metà dell'opra ;*
» *Nè s'incomincia ben , se non dal Cielo !* (1) »

SOUVERAINS OPPRESSEURS DES PEUPLES,

Il existe un Être Suprême , Souverain de tous les peuples, Souverain de tous les rois !

Il existe un Être Suprême, Créateur et Maître éternel de l'univers !

Il existe un Être Suprême, qui veut que tous les mortels soient libres, égaux et frères, soient justes, humains et charitables, pour être heureux !

Malheur aux hommes, s'ils le contrarient! Heureux, s'ils lui obéissent !

L'esprit humain ne peut concevoir aucun être, qui n'ait été produit par un autre être ; car le rien ne peut rien produire. Seulement, en remontant d'être en être, il conçoit enfin une Existence Première et Nécessaire, productrice de toutes les autres existences. Cette Existence Première, c'est Dieu !

Sans Dieu, l'esprit humain ne peut rien concevoir. En effet, le hasard aveugle aurait-il produit la lumière? La matière inerte serait-elle la cause du mouvement qui l'anime?

---

(1) Celui qui commence bien est à la moitié de l'ouvrage, et l'on ne commence bien que du Ciel !

Le cahos, ou la confusion de toutes choses, se serait-il, de lui-même, transformé dans la variété, dans la régularité si admirables qui règnent dans la nature? Non : ce sont des créations préméditées et surnaturelles, ce sont les grands miracles de la Divinité.

SOUVERAINS OPPRESSEURS DES PEUPLES,

Il existe donc un Être Suprême, il est un Dieu qui a fait tout et peut tout !

Point de Dieu ? Point de juge tout-puissant pour les hommes, point de responsabilité de leurs actions, point d'immortalité de l'âme. En conséquence, point de bien, point de mal, point de crimes, point de vertus. Par conséquent encore, inutilité, absurdité, injustice des peines et des récompenses. Point de Dieu? Tyrannie légitime de la force, de la ruse, de l'égoïsme, contre la faiblesse et l'innocence, la raison et la loyauté, la philantropie et la justice. Enfin, point de Dieu? Règne de la fatalité, de l'immoralité, malheur et ruine irréparables du genre humain !

Avec Dieu, au contraire, immortalité de l'âme, triomphe de la vérité ! C'est-à-dire : lois humaines émanant de la Loi Divine, responsabilité de nos actions, vrais droits et devoirs des hommes, liberté d'exercer leurs droits et d'accomplir leurs devoirs, égalité, fraternité. Avec Dieu, amour du bien, horreur du mal, récompenses pour les justes, peines amélioratrices pour les coupables. En un mot, avec Dieu, après le repentir et l'expiation de leurs fautes, bonheur dans ce monde et dans le sein de la Divinité, pour tous les mortels !

ROIS OPPRESSEURS DES PEUPLES,

Ce Dieu, cet Être Suprême existe, Père éternel de tous les Peuples, Maître absolu de tous les Rois !

Dieu, Être Premier et Nécessaire, est le Créateur, le Régulateur et le Conservateur de tous les êtres. Ce firmament qui partout nous entoure ; ces tribus de mondes innombrables suspendus sur nos têtes ; ce soleil dont la bienfaisante lumière inonde toute la nature et la vivifie ; ces montagnes, ces plaines, ces vallées, cette terre en un mot, asile de tant d'existences ; ces mers, ces lacs, ces fleuves, cet océan enfin, qui la pénètre et la nourrit ; ces minéraux resplendissans, ces plantes élevées vers le Ciel, sources intarissables de tant d'actions et de productions, de tant de richesses et de merveilles humaines ; ces animaux sensibles, doués d'instincts si variés et si surprenans : les uns, images du bien, brillans de toutes formes, de toutes graces, de toutes beautés, ou attrayans par leur bonté, pour que nous l'aimions ; les autres, emblèmes du mal, repoussans par leur physique hideux ou par leur monstrueuse férocité, pour nous le faire haïr ; cet ordre merveilleux ; cette harmonie enchanteresse ; et pour plus dire enfin, cet homme, être supérieur et privilégié, roi de la contrée qu'il habite, créature la plus chère à son Créateur, intelligence, volonté, esprit consciencieux et libre, émanation surabondante de la Divinité ; en un mot, ce spectacle immense et sublime de la nature : tout annonce, tout exprime, tout prouve, tout chante la gloire et la puissance immortelles du Créateur de l'univers !

SOUVERAINS OPPRESSEURS DES PEUPLES,

Dieu, donc, est Nécessaire !

Or, de la Nécessité de son Être découlent tous les plus grands attributs et le rendent admirablement identique à la Perfection ! En effet, Nécessaire, Dieu est un ; un, il est infini ; infini, il est éternel ; éternel, il est immuable ; immuable, il est tout-puissant ; tout-puissant, il est Parfait !

Mais s'il est Parfait, qui peut avoir autant de sagesse et autant de bonté que Dieu? Qui peut lui désobéir sans mal faire? Sa Volonté doit donc être faite : Elle est écrite sur le front de la Vérité! Elle impose à l'homme la justice, la bonté, la fraternité dans toutes ses œuvres. Malheur à l'homme, s'il la contrarie! Heureux, s'il l'exécute!

Mais le jour de la Vérité brille! Le genre humain la voit, la connaît et il l'adore! Le genre humain la veut! Il veut exercer ses droits et accomplir ses devoirs : il veut la liberté, l'égalité, la fraternité! Il les veut avec ensemble et avec ordre; il les veut au nom de l'Éternelle justice! Bientôt, le genre humain les obtiendra! Bientôt, il sera heureux!

Souverains oppresseurs des peuples,

Le genre humain se lève : l'heure de la délivrance a sonné! Il vous crie de sa grande voix : « Rois oppresseurs des Peuples, tremblez! Notre Dieu a vu tous vos crimes, et il a eu pitié de mes malheurs! Il en est temps encore! Obéissez à sa Volonté toute-puissante, reconnaissez les droits de vos semblables, soyez bons et charitables envers eux, ou tremblez! Tremblez pour votre égoïste et rapace matérialisme! Tremblez pour vos injustices et pour votre inhumanité! »

MISSION DE LOUIS-NAPOLÉON BONAPARTE
EN FRANCE ET A L'ÉTRANGER.

> « O Cucullino
> » Sarà grande, o morrà! » (1)

Napoléon-Louis,

Tel que le Grand Napoléon, vous avez été élevé par le Peuple français à la plus haute charge de la République.

---

(1) *Cucullin* sera grand, ou il mourra!

Tel que le Grand Napoléon, vous avez reçu de la Providence la mission la plus belle, la plus importante : celle de soutenir et de propager partout la révolution française ; celle d'établir, nouvel et plus grand Washington, la République en France sur des bases solides, et de révolutionner, de régénérer tous les peuples ; celle enfin de fonder la République universelle sur le meilleur des principes, sur le principe si philantropique et divin de la Souveraineté Populaire.

Mais tel que Napoléon encore, si vous méconnaissiez, Napoléon-Louis, ces ordres de la Providence, si vous vouliez monter sur le trône, alors, infailliblement, les grands malheurs de l'Oncle atteindraient aussi le Neveu !

Le premier, tant qu'il fut fidèle aux bons principes et modéré dans son ambition, tant qu'il sut être par son génie le plus digne des républicains, fils immortel d'un grand Peuple, il fut aussi l'amour et l'orgueil de tous les peuples ; la victoire marcha toujours sur ses pas et sa gloire brilla constamment de la lumière la plus pure et la plus éclatante. Mais dès qu'il eut détruit la République, dès qu'il voulut être empereur et roi, l'arbitre des rois et des empereurs, que devint-il le Grand Napoléon? Hélas! l'histoire est là, qui nous fait gémir sur ses grands malheurs et sur son dernier abaissement; l'histoire est là, qui nous répond : « Son génie et sa gloire s'éclipsèrent; son ambition devint sans bornes et ses aigles furent abattues; il perdit enfin l'amour des peuples et fut assassiné par les rois à Sainte-Hélène! » Là (héritier du Grand-Homme, puissiez-vous ne jamais l'oublier!) sur le seuil de sa tombe, exilé du monde et libre de toute passion, il médite sur sa conduite, songe à la Volonté Divine et le voile tombe enfin de ses yeux. Il les fixa dans le Ciel, et il connut mieux l'immense

bonté de Dieu pour les hommes, sa toute-puissance sur
l'univers. Il connut aussi toute la faiblesse humaine, et
soupira du fond de son grand cœur sur les funestes excès
de son ambition. C'est alors que sa vaste intelligence sut
lire ces mots prophétiques sur le front de la Vérité : *Dans
cinquante ans, l'Europe sera toute esclave ou toute ré-
publicaine !* C'est le plus grand enseignement qu'un homme ait jamais prononcé !

En effet, peut-on asservir, dans ce siècle, l'Europe en-
tière ? Impossible, mille fois impossible ! Voici, par conséquent, comment il faut expliquer la prophétie napoléonien-
ne : *Si les peuples deviennent plus justes, plus sages, plus
fermes et plus modérés que les rois, les rois disparaîtront
à jamais, les peuples se gouverneront d'eux-mêmes et ils
seront heureux !* Ceci, au contraire, est-il possible ? Possible, mille fois possible ! Le Peuple français, dans sa der-
nière et si belle révolution, en est une preuve des plus con-
vaincantes ; et s'il n'est pas encore aussi heureux qu'il est
permis à un peuple de le devenir, il le sera, bien assurément,
aussitôt qu'il aura solidement établi sa République, en la
faisant aimer, respecter et craindre, au besoin, soit au de-
dans, soit au dehors. Mais, en profitant de l'expérience, en
sachant mieux dorénavant s'entendre, se concerter, com-
biner tous leurs moyens, une preuve entièrement convain-
cante, entièrement décisive sera donnée dans ce siècle par
tous les peuples, qui, sous la direction d'hommes de tête et
de cœur bien reconnus pour tels, proclameront enfin la République et maintiendront toujours son principe fondamen-
tal, la Souveraineté Populaire. Aussi, Napoléon-Louis, je le
répète : si le Neveu du Grand-Homme voulait monter sur
le trône, s'il manquait jamais à la mission la plus haute et

la plus désirable, alors, tel que son Oncle, abandonné des peuples et victime des bourreaux monarchiques, il tomberait comme l'éclair et serait on ne peut plus malheureux ! Alors encore, et dans peu de temps, la Providence le remplacerait par un autre, qui exécuterait tous ces ordres et deviendrait ainsi le plus heureux, le plus grand des mortels !

Cependant, pour le genre humain déjà si souffrant et opprimé, ce peu de temps, si court qu'il soit, ne serait-il pas toujours trop long et trop douloureux ? Et pour se délivrer de ses oppresseurs si cruels, qui plus tard seraient aussi si puissans, ce peu de temps encore, ne rendrait-il pas ses efforts plus pénibles et sa victoire plus difficile ? C'est indubitable.

Mais, heureusement, à tous les mortels et surtout à ces cœurs généreux qui combattent pour la liberté, Dieu tient toujours ce langage le plus encourageant : — « *Non meritò di vivere — Chi nacque sol per se.* » — « *Un bel morir tutta la vita onora !* » (1)

Heureusement, les Français sont très magnanimes ! Pourrait-il en être autrement ? Dieu leur dit toujours : Je protége la France, o mes dignes fils. Aimez donc, aimez vos frères malheureux. Travaillez, combattez, mourez pour eux, s'il le faut. Mourez de la mort la plus belle, la plus sainte, la plus désirable : mourez pour la liberté du genre humain opprimé, et je vous recevrai dans mon sein paternel, et vous vivrez éternellement dans le bonheur ineffable de mes élus !

---

(1) Celui qui naquit pour lui seul, ne mérita pas l'existence. Une belle mort honore toute la vie !

Heureusement, la révolution aujourd'hui du monde entier, révolution un peu plus tard inévitable, parce que Dieu la veut, parce que son immense bonté , sa toute-puissante justice veulent le perfectionnement, le bonheur de ses créatures humaines devenues si meilleures , la révolution, aujourd'hui, du monde entier, comme naguère celle de la France seule , peut avoir lieu, pour ainsi dire, par enchantement ! Elle peut se faire dans chaque nation, comme en France, très facilement et sans trop de malheurs. Elle peut se faire comme aurait eu lieu la révolution, la régénération de l'Italie ; de la Hongrie, de la Pologne , de tant d'autres nations aussi magnanimes que malheureuses , si la France, mieux gouvernée, leur eût tendu promptement une main secourable, si seulement elle eût fait briller sur leurs frontières sa puissante et glorieuse épée.

Heureusement enfin, le talent, le courage, l'expérience , la haute ambition, le sublime exemple à imiter, l'enseignement prophétique à suivre, les grands malheurs soufferts à éviter, l'illustration si dignement acquise à mériter encore : tout, Napoléon-Louis, vous engage à remplir promptement votre mission, mission la plus belle et qu'aurait sans doute rempli le Grand Napoléon lui-même, s'il eût pu briser son noir et mortel cachot de Sainte-Hélène ; s'il eût pu reparaître sur le vaste théâtre de ses exploits !

Ainsi, Napoléon-Louis, au nom de votre Oncle immortel, au nom de l'humanité, plongée en si grande partie dans l'esclavage, dans la barbarie et dans la misère, au nom enfin et surtout de la Providence, fidèle à vos sermens , soutenez toujours dignement le pouvoir dans la Grande Nation; encouragez son industrie et son commerce, mais avant tout son agriculture, cet art le meilleur de tous, cette source de prospérité publique; secourez la démocratie chez tous les peuples; reconnaissez et faites respecter leur nationalité; protégez tous les proscrits politiques, bons patriotes, bons républicains, et surtout récompensez le mérite, distinguez, honorez toutes les capacités le plus dignes. Formez, avec elles, un Sénat, une nouvelle Assemblée nationale scientifique et humanitaire (1). A cet effet, à leur titre d'électeurs politiques, ajoutez, d'accord avec le pouvoir législatif (2), le nouveau titre d'électeurs scientifiques. Parmi ces électeurs, choisissez un corps d'éligibles trois fois, au moins, aussi nombreux que les membres de l'Assemblée scientifique qu'ils devront élire. Partagez ce corps d'éligibles en autant de sections spéciales qu'il y a, dans la science humaine universelle, de divisions et de subdivisions importantes à établir et à perfectionner. Faites élire l'Assemblée scientifique avec des sections spéciales, établies comme pour le corps éligible ; formez-la de membres à vie, élus, chacun, par les capacités de toute la France, dans les chefs-lieux d'arrondissement ou de département ; remplissez ses vides à des époques bien opportunes, bien déterminées, et par des membres choisis dans les sections spéciales, correspondantes à celles des membres qu'ils devront remplacer ; réunissez-la dans les jours de fête, afin que ses séances soient plus fréquentées, plus solennelles, et que tous ses membres y puissent assister; chargez-la du perfectionnement des lettres, des sciences et des arts, surtout de la morale publique, et rendez-la la

---

(1) Je veux dire morale, progressive et philantropique en même-temps.

(2) Cet accord ne serait pas ici légalement nécessaire, mais il serait toujours très important de l'obtenir.

coadjutrice et la digne émule de sa sœur aînée , instituée
pour le perfectionnement de nos lois. Les deux pouvoirs ,
alors, législatif et exécutif, renforcés par ce troisième pouvoir scientifique et humanitaire, rendront la République
française infiniment plus sage, plus juste, plus fraternelle,
et par conséquent, infiniment encore plus solide, plus puissante et plus glorieuse. Après une telle conduite, couronnez
enfin votre bel ouvrage : proposez une amnistie générale ,
vraiment générale, quittez ensuite le Pouvoir Suprême légalement, magnanimement, et vous aurez bien mérité de
la France et du monde entier! Alors, ne vous arrêtez pas :
marchez toujours dans le sentier de la gloire à l'immortalité! Redemandez le pouvoir à d'autres nations (1) de l'Europe. Demandez-le surtout à la belle Italie , à cette autre
patrie si grande et si malheureuse! Toutes se feront pour
vous républicaines, vous l'obtiendrez! Conduisez-vous envers ces nations , comme envers la France. Revenez ensuite, accompagné de leurs vœux et de leur gratitude,
au sein de ce Peuple français si reconnaissant, si admi-
rateur des grands hommes, et il vous décernera une secon-
de fois la plus haute charge. Ainsi, tantôt en France, tantôt en Italie ou dans toute autre Nation européenne, sou-
tenez-vous toujours puissant et glorieux , entourez-vous
des plus beaux talens , des meilleurs caractères, et de cette
union de grands hommes , de ce grand foyer de science et
de civilisation, donnez d'excellens conseils à tous les peuples

(1) A moins que par une modification légale de la Constitution française, le Chef de la République , à l'expiration de ses
pouvoirs, ne puisse être immédiatement réélu à la même
charge.

et à tous les souverains. Donnez-leur des conseils de justice et de sagesse, de patience et de modération, de fraternité et de dévouement patriotique, des conseils enfin de conciliation et de paix. Tous les peuples suivront ces conseils. Tous les souverains imiteront-ils leur exemple? Non : ils les mépriseront, ils se coaliseront encore une fois contre la France.

Alors, Napoléon-Louis, Dieu le veut! Le triomphe de la fraternité chrétienne et, avec elle, de toutes les vérités les plus saintes, de tous les principes les plus grands, les plus philantropiques est à jamais assuré! La prédiction de l'immortel exilé de Sainte-Hélène doit s'accomplir, et s'accomplir par la guerre! Mais ce sera la guerre la plus légitime, la plus utile et la plus glorieuse; ce sera la guerre pour la liberté du genre humain contre ses oppresseurs, ses spoliateurs et ses tyrans; ce sera la guerre enfin de tous les peuples contre tous les souverains, tous les souverains illégitimes, usurpateurs du pouvoir suprême, dont heureusement la défaite sera aussi complète et aussi soudaine que leur obstination dans le crime est excessive et intolérable.

Alors, soyez le digne fils du plus grand des héros, soyez le plus grand exécuteur de la Volonté Divine! Lancez, lancez les aigles napoléoniennes mais démocratiques, sur tous les trônes. Elles arracheront à tous les monarques ce sceptre barbare et inhumain, dont on ne sait que trop « *Di che lagrime grondi e di che sangue !* (1) » Elles voleront *de clocher en clocher jusqu'aux tours de Notre-Dame*, jusqu'à la coupole de Saint-Pierre, et l'exposeront au mépris et à l'animadversion de tous les peuples.

(1) Tout ce qu'il coûte de larmes et de sang !

Alors enfin, nouvel et plus grand Washington, après
avoir consolidé la République en France, vous aurez aussi
révolutionné, régénéré tous ces peuples ; vous aurez établi,
pour toujours, le divin principe de la souveraineté populaire sur les ruines du principe matérialiste, du principe
usurpateur et anti-social de la légitimité ; vous aurez assuré
la République universelle, vous aurez enfin accompli votre
sainte mission !

AUX PLUS VAILLANS GUERRIERS DE LA FRANCE,

ET SURTOUT AUX GÉNÉRAUX
CAVAIGNAC, LAMORICIÈRE ET BEDEAU.

HÉROS DE LA FRANCE,

Hommes de tête et de cœur, hommes, en même temps,
de parole, de plume et d'épée, vous êtes, avec l'héritier du
Grand Napoléon, le plus grand espoir de la France. Elle a
les yeux sur vous ! Toutes les autres nations aussi vous re-
gardent, vous appellent, vous tendent les bras ! Sériez-vous
insensibles à leurs besoins, à leurs malheurs ? Vous leur
devez, avec la liberté, les lois les plus sages et les plus humaines. Méconnaîtriez-vous une mission si glorieuse et si
philantropique ?

Héros de la France, vous avez déjà versé votre sang sur
le champ de l'honneur, vous avez déjà couronné vos fronts
des lauriers de la victoire ; poursuivez votre noble carrière !
La tâche est la plus grande, il est vrai, la plus difficile à
remplir : il s'agit de délivrer le monde entier de l'esclavage
et de la barbarie ; il s'agit de généraliser la révolution fran-

çaise et de fonder la République universelle. Vous y réussirez pourtant par la sagesse et la justice de vos principes , par la modération et la fermeté de votre conduite et par votre union à l'héritier du Grand-Homme, mais du Grand-Homme républicain !

Oui , guerriers magnanimes , Napoléon-Louis et surtout son nom vous porteront bonheur. Ce nom est encore le plus cher et le plus magique chez tous les peuples : c'est qu'ils ont pardonné ses fautes au grand Empereur, pour prix des actions si belles du grand Républicain. En effet , quelque grand qu'il fût , Napoléon pouvait-il être infaillible?

Il n'y a d'infaillible , il n'y a de parfait que Dieu !

Héros de la France, vous connaissez les intentions de Dieu sur ses peuples et sur vous mêmes , exécutez-les avec courage, avec persévérance , et la plus belle immortalité vous attend !

A M. TROPLONG.

Homme qui ne cherche point les plus grands honneurs, mais qui sais si bien les obtenir par ton seul mérite :

Déjà , par tes excellents travaux sur nos codes , tu t'es mis au rang des jurisconsultes les plus profonds et les plus lumineux. Tu as déjà beaucoup fait , par conséquent; mais il te reste encore beaucoup et bien plus à faire. Avec ta pénétration et ta lucidité si rares, il te reste à bien analyser toutes les constitutions anciennes et modernes et à distinguer parfaitement tout ce qu'elles contiennent de bon, de tout ce qu'elles ont de vicieux. Ensuite, en t'inspirant de la Loi Divine, en te fondant sur la souve-

raineté des peuples, sur les plus grands principes, sur les
vérités les plus générales et les plus importantes, tu dois
lancer dans le monde une nouvelle constitution tellement
sage, tellement juste, tellement philantropique que toutes
les nations, indistinctement, puissent et veuillent adopter
pour toujours et le plutôt possible.

Alors, Illustre Jurisconsulte, tu auras construit la plus
belle partie de ton grand ouvrage; alors il te sera permis de
t'écrier : *Exegi monumentum œre perennius!* (1) alors
enfin, comme pour tous tes beaux titres, tu obtiendras
aussi celui qui t'es dû le plus et depuis trop longtemps, le
titre de représentant du peuple, de législateur de la France,
sans le demander !

A M. THIERS.

Homme à l'esprit si puissant, mais parfois
au patriotisme un peu faible:

Pourquoi faut-il qu'aux qualités si rares et si belles de
ton intelligence, tu n'unisses pas toujours les meilleurs sen-
timents de ton noble cœur ? Comment, après nous avoir
poussés si fort à chasser des rois parjures, à briser des trônes vermoulus, peux-tu soutenir si faiblement ta mère,
la révolution, aimer si peu ta fille, la révolution encore ?
Est-ce un excès d'amour-propre ou un manque de courage?
Dans le premier cas, si tu n'es pas le chef de la République, de l'Assemblée ou du ministère, tu le seras sans doute
un peu plus tard si tu marches droit ! Mais que dis-je? ne
l'es-tu pas depuis bien longtemps et par tes seuls moyens

---

(1) J'ai achevé un monument plus durable que l'airain !

personnels ? Ne l'es-tu pas par la supériorité de ton talent
comme orateur, comme écrivain, comme homme d'État ?
Et dans l'autre cas, est-ce que les rois que tu as si bien
bravés pourraient te faire peur? Est-ce que le sang français
ne coule pas dans tes veines ? Est-ce que tu n'es pas un de
nos athlètes les plus vigoureux, comme une de nos lumières
les plus éclatantes? Oh certes, de ta part, une telle conduite est plus qu'extraordinaire : elle est incompréhensible !
Que voudrais-tu donc faire de ta patrie? Une nouvelle mo-
narchie peut-être? Mais elle serait, comme toi, bien incon-
séquente avec elle-même, puisqu'elle vient de détruire, d'a-
bandonner et de chasser du trône quatre de ses derniers monarques. Non, tu dois vouloir pour elle le gouvernement le
plus grand et le plus utile, le gouvernement républicain. Tu
le dois aussi vouloir pour tous les peuples, afin que par leur
appui et par celui de la France, la République soit à jamais
inébranlable et fasse toujours le bonheur du genre humain !
Mais alors, Esprit-Éminent, pourquoi ne soutiens-tu pas
enfin de tout ton crédit, de tout ton talent, de toute ta
force, notre si jeune et si belle République ? Pourquoi ne
la fais-tu pas respecter et craindre en même-temps par tous
les souverains, aimer, adorer, absolument vouloir par tous
les puissants du monde?

Thiers, la patrie t'appelle, l'humanité le veut, Dieu te
l'ordonne ! Ouvres-toi la carrière la plus large, la plus philantropique ; marches-y de tes pas si fougueux, voles-y de
tes ailes si rapides ; sois enfin comme un esprit des plus sublimes, un républicain des plus grands, un caractère des
plus fermes et des plus patriotiques, et tel qu'un aigle majes-
tueux, tu planeras, tu domineras autant que nos plus grands
hommes et ceux du monde entier, sur le genre humain re-

connaissant et dans l'admiration de tes beaux ouvrages, de
tes excellentes actions !

AU GRAND POËTE, AU GRAND ORATEUR,

A L'HOMME INSPIRÉ DU CIEL,

A LAMARTINE,

A L'ILL. AUTEUR DU MANIFESTE AUX PUISSANCES ÉTRANGÈRES,

LORSQUE, BIENTÔT, LA FRANCE PRÊTERA SON SECOURS

A SA SOEUR,

LA PLUS BELLE, LA PLUS GRANDE, LA PLUS INTÉRESSANTE,

A LA TROP MALHEUREUSE ITALIE!

Chi fia, chi fia, che così orrenda gola
    D'Italia i figli a divorar disserra?
    E l'Austro infido, che d'ingiusta guerra,
    Tigre rabbiosa, la sua preda immola.
Ma il tuon rimbomba! Dall'Empireo vola
    L'Angiol di Dio vendicator in terra :
    La spada fulminante il mostro atterra,
    Ed i liberi Ausonj a morte invola!
Rugge l'atroce belva e si ritira,
    Benchè lacera e fiacca in ogni membra,
    Con occhio di livor che il sangue spira.
Ma or trema e fugge, ch'erge la gran Lancia
    Quel popolo che a Dio colà rassembra,
    Popol liberator, popol di Francia! (1)

---

(1) Quel est, quel est ce monstre qui ouvre une gueule si
horrible pour dévorer les enfants de l'Italie ? C'est le perfide
Autrichien qui, dans une guerre injuste, tel qu'un tigre en-
ragé, immole sa proie.

Mais le tonnerre gronde ! L'Ange vengeur de Dieu fond du

ENCORE A LAMARTINE.

Se Macon non ti elesse od altro ingrato
Dipartimento, ogni uom che in petto ha core
Ti elegge, o Lamartin : più onor ti è dato.
Vive adunque in noi sempre il Patrio Amore! (1)

AUX PLUS BEAUX TALENTS
ET AUX PLUS DIGNES CARACTÈRES DE LA FRANCE.

ILLUSTRES CITOYENS ,

Vous possédez une renommée des plus grandes et des plus
noblement acquises ; quel est maintenant votre plus ardent
désir? La renommée, toujours la renommée !

Plus de partis, par conséquent, plus d'opinions diver-
gentes sur le gouvernement de notre patrie. Une seule pen-
sée, également, sur la conduite de la France envers tous
les peuples, de la France si puissante, si glorieuse, si ma-
gnanime. Son gouvernement doit être le plus grand, le plus

---

ciel sur la terre: sa foudroyante épée terrasse le monstre et ar-
rache à la mort les républicains de l'Italie !

La bête féroce rugit et, quoique meurtrie et déchirée dans
tous ses membres, elle se retire lançant un regard haineux et
avide de sang.

Mais voilà qu'elle tremble et qu'elle fuit, car ce Peuple qui
ressemble à Dieu, ce Peuple libérateur, ce Peuple de France
lève en Italie sa glorieuse épée !

(1) Si Macôn ou quelque autre département ingrat ne t'ont
pas élu, tout homme qui a du cœur dans son sein te choisit,
o Lamartine : il t'est fait un plus grand honneur. L'amour de
la patrie donc est toujours vivant dans nos âmes !

national ; sa conduite la plus libérale , la plus philantropique.

Illustres citoyens , la tâche est la plus honorable , elle est
digne de vous ! Réunissez donc tous vos talents , tous vos
moyens , toutes vos forces ; organisez-vous en un sénat
scientifique et humanitaire ; donnez de sages conseils à la
France et au monde entier ; marchez droit au but , à la République universelle,et vous aurez bientôt achevé l'ouvrage
le plus magnifique ; vous aurez bientôt délivré de l'igno-
rance et de la barbarie , de l'esclavage et de l'abrutissement
des millions de vos semblables ; vous aurez bientôt enfin
mérité la renommée la plus pure , la plus haute , la plus
belle , la renommée des plus grands libérateurs et réforma-
teurs du genre humain !

A LA FRANCE.

France , o ma belle patrie , grande nation à l'esprit si vif
et si libre , au cœur si sensible et si généreux , mère féconde
en talents si utiles , en génies si sublimes , en héros si vail-
lants , c'est toi qu'entre tant de nations magnanimes , la
Providence a surtout choisie pour exécuter dans ce monde
ses plus hauts desseins.

Tous les peuples sont progressifs ; tous leurs souverains ,
au contraire , rétrogrades. Les uns deviennent plus justes ,
plus sages,et surtout plus unis et plus frères ; les autres plus
égoïstes , plus corrompus , plus oppresseurs et plus inhu-
mains. La Providence , désormais , veut que tous les peuples soient libres et respectés dans leur nationalité. Elle veut
que de nouveaux souverains et de nouveaux législateurs
soient élus par eux directement , temporairement , res-

ponsablement, afin qu'ils soient toujours légitimes, toujours humains , toujours paternels. Mais tous les souverains, actuellement aussi impopulaires qu'illégitimes , aussi impies qu'ils voudraient être permanents et irresponsables , d'accord avec des législateurs volontairement ou servilement injustes , osent s'opposer à la Volonté Divine !

France , c'est donc à toi surtout de la faire respecter ; à toi d'arborer, si les souverains persistent, ton glorieux drapeau tricolore , symbole des trois immortels principes de la Liberté , de l'Égalité , de la Fraternité ; à toi de le promener encore de nation en nation précédé par la victoire , mais accompagné par la justice, par l'humanité, et suivi par l'établissement du meilleur des principes, du divin principe de la Souveraineté Populaire; à toi de délivrer enfin de l'esclavage et de la barbarie tant de millions de mortels , tant de frères qni te rendront à jamais une nation invincible et même inattaquable, si tu remplis ta sainte mission !

France , o ma bonne patrie, suis tes meilleurs penchants , écoute la voix du genre humain opprimé , exécute les ordres de la Providence, et alors , mais seulement alors, tu pourras devant Dieu et devant les hommes te nommer à bien juste titre la Grande Nation !

A MM. LES JOURNALISTES BONS RÉPUBLICAINS.

MESSIEURS LES JOURNALISTES ,

Je ne saurais terminer ces Adresses sans revenir à vous , à la presse périodique, au plus puissant moyen d'instruction et de civilisation.

J'aurais voulu m'étendre davantage sur l'organisation ,

les attributions et l'utilité, je dirai même la nécessité d'un sénat scientifique et humanitaire, tel que celui dont je viens de parler dans deux de mes Adresses ; mais je sens bien que j'ai trop abusé de mes faibles moyens intellectuels, en m'occupant de matières morales et politiques qui ne devraient jamais être traitées que par les esprits les plus sages ; les plus expérimentés et les plus imposants. J'espère que l'on me pardonnera d'avoir trop présumé de mes forces, en considération de mes bonnes intentions politiques et de l'impulsion que je voudrais donner aux meilleurs talents à redoubler d'efforts pour le salut de la patrie et le bien général de l'humanité.

Or, Messieurs les Journalistes, ces hommes d'élite se trouvant surtout parmi vous, c'est donc à vous plus particulièrement qu'il appartient d'écrire sur ces bons principes, sur ces grandes vérités, que j'ai trop faiblement soutenus et démontrés dans mes Adresses, et de rédiger un réglement organique pour former un sénat scientifique et humanitaire, un corps d'éligibles à ce sénat, et pour décorer du beau titre d'électeurs scientifiques toutes les capacités de la France.